O Dever do Advogado

O livro é a porta que se abre para a realização do homem.

Jair Lot Vieira

Ruy Barbosa

O Dever do Advogado

Carta a Evaristo de Morais

Prefácio de
Evaristo de Morais Filho

Copyright desta edição © 2007 by Edipro Edições Profissionais Ltda.

Todos os direitos reservados. Nenhuma parte deste livro poderá ser reproduzida ou transmitida de qualquer forma ou por quaisquer meios, eletrônicos ou mecânicos, incluindo fotocópia, gravação ou qualquer sistema de armazenamento e recuperação de informações, sem permissão por escrito do editor.

Grafia conforme o novo Acordo Ortográfico da Língua Portuguesa.

2ª edição, 3ª reimpressão 2023.

Editores: Jair Lot Vieira e Maíra Lot Vieira Micales
Coordenação editorial: Fernanda Godoy Tarcinalli
Produção editorial: Murilo Oliveira de Castro Coelho
Assessor editorial: Flávio Ramalho
Revisão: Brendha Rodrigues Barreto e Tatiana Tanaka
Arte: Danielle Mariotin e Karina Tenório
Imagem da capa: Acervo Fundação Casa de Rui Barbosa

Dados Internacionais de Catalogação na Publicação (CIP)
(Câmara Brasileira do Livro, SP, Brasil)

Barbosa, Ruy, 1849-1923

O dever do advogado : carta a Evaristo de Morais / Ruy Barbosa ; prefácio de Evaristo de Morais Filho. – Bauru, SP : Edipro, 2007. – (Clássicos Edipro)

ISBN 978-85-7283-815-3

1. Advogados – Direitos e deveres – Brasil 2. Barbosa, Ruy, 1849-1923 – Correspondência 3. Defesa (processo penal) – Brasil 4. Direito e ética 5. Morais, Evaristo de, 1871-1939 – Correspondência I. Morais Filho, Evaristo de. II. Título. III. Série.

07-4073	CDU-347.965.1

Índice para catálogo sistemático:
1. Advogados : Deveres : Direito : 347.965.1

São Paulo: (11) 3107-7050 • Bauru: (14) 3234-4121
www.edipro.com.br • edipro@edipro.com.br
@editoraedipro   @editoraedipro

SUMÁRIO

Nota da editora 7

Prefácio de Evaristo
de Morais Filho... 11

Consulta 45

Carta 49

Respeitosas observações 73

Nota da editora

Nascido a 5 de novembro de 1849, na cidade de Salvador, Bahia, Ruy Barbosa constitui expoente figura histórica brasileira. Suas contribuições ao país deram-se no jornalismo, na política e, notadamente, no direito.

Segue-se um simples e despretensioso esboço sobre sua trajetória, para que o leitor possa compartilhar da genialidade do mestre Ruy Barbosa, assim como apreender a importância de *O dever do advogado* para a ciência do direito brasileiro.

Ingressa, em 1866, na Faculdade de Direito do Recife; dois anos mais tarde se transfere para a Faculdade de Direito de São Paulo, onde recebe o grau de bacharel em 1870.

Enquanto graduando, participa de associações abolicionistas, inicia-se na imprensa e pronuncia seu primeiro discurso político, em saudação a José Bonifácio, bem como a conferência abolicionista "O elemento servil". Funda *O Radical Paulistano*, com Américo de Moura, Benedito Ottoni, Bernardino Pamplona e Luís Gama.

Em 1872, tem sua estreia no júri e torna-se colaborador do *Diário da Bahia*. Logo se envolve em campanhas a favor da reforma eleitoral e da liberdade religiosa, bem como se opõe ao alistamento militar obrigatório.

Torna-se deputado à Assembleia Legislativa Provincial da Bahia, em 1878, e no ano seguinte, deputado à Assembleia Geral Legislativa da Corte.

Na década de 1880, formula o projeto "Lei Saraiva" de eleição direta; torna-se membro do Conselho Superior de Instrução Pública; escreve "O elogio do poeta", em homenagem a Castro Alves (de quem fora colega de graduação na Faculdade de Direito de São Paulo); elabora os projetos de reforma do ensino e apresenta o parecer sobre o Ensino Primário – bem como o Secundário e Superior –, instaurando na grade primária a educação física, o ensino musical, o ensino do desenho e dos trabalhos manuais – o que lhe valeu o título de Conselheiro do Imperador.

Ainda na mesma profícua década, elabora o projeto "Lei dos Sexagenários", sobre a emancipação dos escravos, e ratifica a campanha abolicionista com o discurso "Aos abolicionistas baianos", no Teatro São João da Bahia. No mês seguinte, a 13 de maio de 1888, vê tornar-se realidade o ideal abolicionista, com a assinatura da Lei Áurea.

No ano seguinte, a República é proclamada, e Ruy Barbosa é nomeado ministro da Fazenda e da Justiça.

Passa a dedicar-se à reforma bancária, ao projeto de separação entre Estado e Igreja, ao projeto da Primeira Constituição Republicana, ao cargo de senador da Bahia (ao qual renuncia em 1892), à Carta Magna e à publicação de *O estado de sítio*. Combate a política de Floriano Peixoto por meio de artigos no *Jornal do Brasil*, e as consequências dessa sua atuação o levam ao exílio, em Buenos Aires, na Argentina.

Ao retornar do exílio – época em que realizou várias viagens, inclusive até Londres, que lhe renderam o volume *Cartas da Inglaterra* –, inicia intensa atividade jurídica.

O início do século XX para Ruy Barbosa é marcado por fatos intensos, entre eles: a polêmica das *Ligeiras observações sobre as emendas do Dr. Ruy Barbosa ao projeto do Código Civil*, escritas pelo Prof. Carneiro Ribeiro, episódio conhecido como "Réplica"; também pela candidatura à Presidência da República; pelo convite do Barão do Rio Branco para representar o Brasil em Haia, na Conferência da Paz; e pela substituição de Machado de Assis na Presidência da Academia Brasileira de Letras.

Destacadamente, como delegado do Brasil em Haia, Ruy Barbosa revela seu brilhantismo por meio de discursos impecavelmente tecidos, de grande eloquência, e de conteúdo polêmico, nos quais afirma a igualdade entre as nações e contraria a vontade hegemônica de países como Estados Unidos, Inglaterra e Alemanha. Em dezembro de 1907, ao retornar da conferência, Ruy Barbosa já era aclamado como o "Águia de Haia", cujo voo alçara para além das intenções belicosas e imperialistas.

Na eclosão da Primeira Guerra Mundial, apesar de sua atuação não ser favorável à guerra, põe-se a favor dos Aliados e passa a proferir discursos sobre o direito internacional. Suas atividades se atenuam quando passa a ter problemas de saúde, em 1922, ano em que é homenageado pelo presidente de Portugal. Falece, aos 74 anos, em 1º de março de 1923.

Como legado à deontologia forense e à ética profissional do direito, Ruy Barbosa deixou densa obra, na qual se destaca *O dever do advogado*: carta a Evaristo de Morais.

Este volume constitui uma resposta ao correligionário Evaristo de Morais, sobre uma consulta que fizera a Ruy Barbosa a respeito do caso de homicídio a que respondia Dr. Mendes Tavares. O cliente em potencial, acusado de assassinar a esposa por motivo de adultério, era também adversário político de Evaristo de Morais e, consequentemente, de Ruy Barbosa. O Sr. Evaristo de Morais deveria ou não defendê-lo? A elucidação de Ruy Barbosa vem em afirmação e reforço da justiça e do humanitarismo.

PREFÁCIO

Evaristo de Morais Filho
da Academia Brasileira de Letras

1.

Não se trata aqui de fazer história criminal nem de cuidar dos pormenores do homicídio que ocorreu às 14h30min do dia 14 de outubro de 1911, sábado, defronte do Clube Naval, na esquina da Rua Barão de São Gonçalo com a Avenida Central, denominações antigas das atuais avenidas Almirante Barroso e Rio Branco. Omitiríamos até as identidades da vítima e do principal acusado, se as mesmas já não constassem da consulta de Evaristo de Morais e da resposta de Ruy Barbosa. Deve existir um certo pudor – nem sempre observado – em revolver fatos delituosos do passado, mormente quando sobre eles já se pronunciou a Justiça em última e definitiva instância, com decisão irrecorrível passada em julgado, após amplo debate e análise minuciosa da prova. O processo está encerrado para sempre, todos os personagens do drama – acusado, vítima, advogados, juízes, jurados, promotores, delegados, testemunhas – também já encerraram suas vidas para sempre. Deles só restam o pó e a lembrança. Todos merecem respeito diante do irremediável e das posições que assumiram quando vivos, não nos sendo lícito fazer reviver na opinião pública um crime que aconteceu há 73 anos e que à época foi motivo de grande escândalo, estampado nas primeiras páginas dos jornais, esgotando-lhes as edições, com reportagens que desciam à intimidade das famílias dos seus dois principais protagonistas. Por certo hão de se encontrar vivos muitos dos seus descendentes, diretos ou colaterais, para os quais o episódio ainda não foi esquecido, conformados uns, inconformados outros, com a decisão judicial. Não se deve agora trazer de volta o mesmo escândalo nem reabrir as chagas de acusação e defesa. Ambas foram veementes e brilhantes a seu tempo, não poupando argumentos nem palavras por vezes rudes e cruéis. Pela posição social dos protagonistas é fácil imaginar o farto material que alimentou o sensacionalismo que se levantou em torno do crime, ocupando a imprensa por vários anos, servindo, como autêntico folhetim, de leitura diária do público do Rio de Janeiro e de todo o país. Os principais jornais da capital chegaram a dedicar longos rodapés e editoriais ao trágico episódio, quase sempre contrários ao acusado, não só diante da primeira impressão do crime, como igual e principalmente por motivos partidários. Nenhum juízo foi emitido sem paixão, a todos faltava serenidade, que somente começou a voltar aos espíritos com o desenrolar do processo e a apresentação das provas. E, como sempre acontece nesses casos, nem todos se convenceram, como veremos ao longo destas linhas introdutórias. A carta de Evaristo de Morais deixa bem claros os motivos, de ética profissional, que o levaram a consultar Ruy Barbosa, seu chefe político, se devia ou não aceitar o patrocínio da causa, diante de algumas opiniões contrárias de correligionários de ambos.

2.

Para desapontamento de muitos de nossos leitores, não será aqui relatada a parte propriamente criminal, que deu ensejo à consulta de Evaristo e à resposta de Ruy. Assim, seguiremos os próprios termos das duas peças que se irão ler. Nenhuma delas se fixa ou demora nos fatos delituosos, deles referindo o mínimo necessário ao tema central, que é de deontologia profissional. E o poderíamos fazer amplamente, pois até de documentos íntimos, mantidos por Evaristo, ainda dispomos em nosso poder. De resto, à época, tais cartas foram publicadas tanto pela defesa como pela acusação, procurando cada qual dar ao texto a interpretação que mais lhe favorecesse.[1]

O motivo do crime foi passional, nele envolvidos, como vítima, o capitão de fragata Luís Lopes da Cruz, comandante do Cruzador da Armada nacional; o *Tiradentes*, que regressava de uma missão na República do Paraguai; e, como principal acusado, o médico e intendente municipal, Dr. José Mendes Tavares, tido como mandante do crime, praticado por Quincas Bombeiro e João da Estiva. A esposa do primeiro havia voluntariamente abandonado o lar do casal, negando-se

---

1. Para quem se interessar pelos aspectos factuais do delito e pelos argumentos da acusação e da defesa, além da imprensa da época, é possível consultar as seguintes fontes de informação, que serão por nós utilizadas neste prefácio: MORAIS, Evaristo de. *Reminiscências de um rábula criminalista*. Rio de Janeiro: Leite Ribeiro, 1922. p. 241-258; MORAIS, Evaristo de. *O processo Mendes Tavares*. Rio de Janeiro: [s.n.], 1912. 68 p.; BANDEIRA, Esmeraldino. *O processo Mendes Tavares* (Discurso de acusação). Rio de Janeiro: [s.n.], 1912. 70 p.

a ele voltar a despeito das numerosas cartas que o marido lhe endereçara, até com promessa de perdão e esquecimento. Endereçara carta também ao acusado, ameaçando-o de morte e o desafiando para um duelo entre os dois até à morte. Estavam as coisas nesse pé, em um clima de tensão e emocionalmente exaltado, quando se deu o crime. A opinião pública, levada pelo noticiário da imprensa, que simplesmente relatava os últimos fatos, ficara do lado da vítima, abandonado Mendes Tavares à própria sorte, tido como o pivô da tragédia, sem o apoio dos correligionários da véspera, adeptos da candidatura militar de Hermes da Fonseca. Evaristo de Morais foi advogado somente de Mendes Tavares, ficando a defesa dos outros acusados por conta do Dr. Seabra Júnior, condenados a longos anos de cadeia, vindo um deles a falecer na penitenciária onde cumpria a pena. Evaristo lograra a absolvição de seu constituinte em três júris sucessivos, conseguindo desvinculá-lo da acusação de mandante ou de participante no crime.

Como presidente do júri funcionou o Dr. José Jaime de Miranda, sendo o Dr. Edmundo de Oliveira Figueiredo o promotor público.

Como auxiliares da acusação encontravam-se os Drs. Esmeraldino Bandeira, famoso criminalista e homem público, e Luís Franco. Na defesa alinharam-se os Drs. Evaristo de Morais e Flores da Cunha.

Como o declara na carta, antigo colega no Mosteiro de S. Bento de Mendes Tavares, já às 16 horas do dia do crime fora Evaristo apanhado em casa, onde se encontrava doente, para assistir ao depoimento do médico no 5º Distrito Policial, na Rua Senador Dantas, ao qual se apresentara espontaneamente em companhia do major Zoroastro, seu colega no Conselho Municipal.

3.

Aqui abandonamos a linha descritiva das ocorrências dos fatos que cercaram o crime propriamente dito, para enveredarmos pelos motivos e antecedentes da consulta de Evaristo a Ruy. Ninguém melhor do que o primeiro para os expor, em um retrato fiel do crescendo de perplexidade que o levou a dirigir-se ao seu chefe político:

> Foi o caso que aqui vou rememorando aquele em que vi a minha humilde advoca-

cia mais objetada, mais denegrida, quase se me recusando o *direito de defender.*

Surgiram as primeiras objeções do lado político. Fora Tavares o mais esforçado dos sustentadores da candidatura Hermes, militando sob as ordens de Pinheiro Machado. Eu, como é notório, me empenhara na campanha civilista, ao lado de Ruy Barbosa. Daí tiraram dois bons correligionários meus, e dos mais graduados do civilismo, a conclusão de que me não era lícito defender "aquele patife, que tanto mal nos fizera no Engenho Velho e no Andaraí Grande".

Retorqui-lhes com a amizade do tempo do colégio e com a inabalável confiança do acusado; mas, francamente, fiquei um tanto indeciso.

Por outro lado, o jornal em que eu vinha colaborando, desde havia uns oito anos, o *Correio da Manhã*, abrira seu rodapé da primeira página a uma crônica forense em que se sustentava a doutrina da *indefensibilidade* de certas causas criminais, epitetando-se de *amoral* a respectiva advocacia. Entendi dever retirar a minha colaboração do *Correio*, não obstante atenciosas observações do Dr. Leão Veloso, que dirigia o jornal, na ausência do Dr. Edmundo Bittencourt.

E, para descanso da minha consciência, dirigi um apelo a Ruy Barbosa, como chefe do civilismo e como mestre da profissão. Tardou a resposta, que recebi datada de 26 de outubro, verdadeiro e incomparável presente de aniversário. Foi publicada no *Diário de Notícias*, de 3 de novembro, sob o título "O Dever do Advogado". Constitui uma lição de ética profissional, tão eloquente, como irretorquível.

Impressionado com as apreciações tendenciosas dos jornais, não conhecendo os elementos da defesa, se afigurava a Ruy que a causa era difícil, mas não hesitava em me aconselhar que prosseguisse no seu patrocínio, sem embargo de quaisquer considerações de antagonismo político.[2]

A campanha contra Mendes Tavares fora terrível, chegando-se a anunciar que ele havia sido assassinado na Brigada Policial, em cujo

---

2. MORAIS. *Reminiscências...*, op. cit., p. 244-246. A data da carta de Ruy coincidiu com o aniversário de seu destinatário, nascido a 26 de outubro de 1871. Completava Evaristo 40 anos de idade, quando a recebeu. De fato, não lhe poderia ter sido dado melhor presente. • Amigo pessoal de Edmundo Bittencourt, de quem veio a ser advogado, Evaristo escrevia no *Correio* praticamente desde a sua fundação em 1901. Da reunião de seus artigos, de 1903 e 1904, originou-se o livro *Apontamentos de direito operário*. Rio de Janeiro: Imprensa Nacional, 1905; 2. ed. São Paulo: Ltr, 1971.

estado-maior se encontrava preso. Certo jornal encarava até a sua morte como justificada. Apesar de uma ou outra atitude particular de algum oficial, inclusive com ameaça ao advogado do principal acusado, escreve Evaristo de Morais que tal ameaça "não representava, a seus (meus) olhos, a gloriosa Marinha Nacional, cuja ação coletiva – cumpre reconhecer – foi, no caso, a mais discreta possível".

4.

No caso especial da consulta, convém repetir, além do aspecto aparentemente repugnante do crime, praticado por dois conhecidos elementos de baixa reputação, destacava-se o seu caráter político-partidário. A campanha civilista de Ruy no ano de 1910, como candidato à Presidência da República, fora um divisor de águas, já que do outro lado se colocava o marechal Hermes da Fonseca, sobrinho de Deodoro, tendo Pinheiro Machado como seu principal cabo político. Além da luta civil-militar, como passou à história, dava-se também o conflito entre a mentalidade liberal e a mentalidade positivista representada pelo senador do Rio Grande do Sul. Hoje, a distância, pouco se pode medir realmente o que significou a campanha civilista, na tentativa de republicanizar a República, de estabelecer uma autêntica representação política dos Estados, do povo e das minorias sufocadas pelo poder central.

Não vamos adotar um maniqueísmo primário e ingênuo, vendo o arcanjo de um lado e o demônio do outro, mas a verdade é que a juventude das escolas deixou-se tomar pelo entusiasmo da mensagem de Ruy e cerrou fileira a seu lado. Na ausência de rádio e televisão, a campanha era feita pela imprensa, pelos comícios na praça pública, deslocando-se Ruy para os Estados mais próximos da Capital Federal, a todos empolgando com a sua palavra e com a sua mensagem. Com 16 anos de idade, ao tempo, assim a descreve Alceu Amoroso Lima em suas *Memórias Improvisadas*:

> As campanhas de Ruy Barbosa despertaram em nós o pouco de nossa vocação política. A chamada campanha civilista ficou marcada em meu espírito. Mas a derrota que a ela se seguiu, com a vitória do militarismo realista daquele tempo, deixou-nos profundamente decepcionados.

Adiante, contrastando Ruy com Pinheiro:

> De um lado a concepção de uma sociedade burguesa e liberal, e, do outro, o caudilhismo, defensor dos senhores da terra, dos grandes proprietários rurais, da autocracia, do realismo mais direto e interesseiro.[3]

Pela veemência da luta entre os partidários de Ruy e os de Hermes, com surpreendente vitória eleitoral do candidato da situação, cuja inelegibilidade – como diz Evaristo em sua consulta – foi ele dos primeiros a proclamar, bem se compreende os ressaibos que deixou. E nem bem havia ainda a facção derrotada assimilado a derrota, quando um protagonista, que "militou com honras e galões na campanha do hermismo contra a ordem civil", precisa dos serviços profissionais do adversário da véspera, "a quem tão bons

---

3. LIMA, Alceu Amoroso. *Memórias improvisadas*. Petrópolis: Vozes, 1973. p. 54 e 80. • Em "Política e Letras", *À margem da história da República*. Rio de Janeiro: [s.n.], 1924. p. 255-258, traça Alceu um arguto perfil comparativo das "duas figuras que no futuro hão de provavelmente encarnar melhor que quaisquer outras, esses trinta anos de República: Ruy Barbosa e Pinheiro Machado". Na tragédia de 1911, Evaristo e Tavares representariam ao vivo, dramaticamente, a intersecção dessas duas figuras. Daí a perplexidade em que se encontrou o patrono do principal acusado.

serviços devia o civilismo". São palavras do próprio Ruy.

Evaristo havia participado ativamente da campanha, com artigos pela imprensa e com a palavra nos comícios públicos. Viajara com Ruy para Minas, gozando da sua intimidade, vendo aumentar nessa convivência a profunda admiração que tinha pelo Conselheiro. O que mais o surpreendera, no entanto, foi o apetite de Ruy, homem de muita energia em um corpo aparentemente frágil. Segundo relato seu, sempre que se referia a essa viagem, grande era o espanto que o possuía por ver Ruy, de físico minguado, conseguir espaço para as duas suculentas porções de tutu à mineira, de que costumava se servir.

Há um trecho de Luís Viana Filho que dá bem a imagem viva do que se constituiu a campanha civilista, destacando o entusiasmo que causou, os nomes de alguns seguidores de Ruy e sobretudo o divisionismo ideológico que marcou na sociedade brasileira:

> Seria impossível descrever o entusiasmo com que o país acorreu ao toque de rebate. De todas as partes, mesmo das mais longínquas, chegavam expressivas de-

monstrações de solidariedade ao candidato civil. Era contagioso. Os partidários do Marechal, salvo os militares e os políticos, sentiam-se acabrunhados e era furtivamente, como se praticassem alguma ação má, que manifestavam as suas opiniões: "Todo o país, *dividido como numa guerra civil*", notou um contemporâneo, "vibrava de entusiasmos ardentes e de *ódios ferozes*".

Depressa, Ruy viu-se cercado duma plêiade brilhante de discípulos, quase todos jovens políticos, talentosos, e que preferiram o *beau-geste* à certeza da vitória. Abriram assim à sombra do Mestre o caminho para a notoriedade. Pedro Moacir, João Mangabeira, Cincinato Braga, Evaristo de Morais, Galeão Carvalhal, Antunes Maciel seriam alguns dos cireneus dispostos a auxiliarem-no a carregar a cruz.[4]

Aí está, com grifos nossos, a que extremos de sentimentos chegou a chamada campanha civilista, elevada à altura de verdadeira

---

4. VIANA FILHO, Luís. *A vida de Rui Barbosa*. 8. ed. Rio de Janeiro: José Olympio, 1977. p. 323. Sobre assunto recente: LACOMBE, Américo Jacobina. *À sombra de Rui Barbosa*. Rio de Janeiro: FCRB, 1984. p. 48-53; *Bibliografia sobre a campanha civilista*. Rio de Janeiro: FCRB, 1981, com introdução de Francisco de Assis Barbosa.

cruzada. Não estamos emitindo um juízo de valor, mas somente atestando uma realidade factual, segundo os dados da história. Basta dizer que o capítulo seguinte das *Reminiscências* leva o seguinte título: "Reflexos da luta entre o hermismo e o civilismo – Um julgamento tumultuoso em Minas". O crime dera-se em Rio Branco, no Estado de Minas, morto o Dr. Carlos Soares de Moura pelo solicitador Silvino Viana, defendido a princípio por Carlos Peixoto, que viajara para a Europa. O próprio Ruy solicitara de Evaristo que aceitasse a defesa do correligionário no foro daquela cidade, e nela quase morreu.

Vale recordar, à margem do tema principal, que a Revolução de 30 se fez ainda sob a bandeira do liberalismo civilista de Ruy, com o lema *"Representação e Justiça"* da Aliança Liberal. Em manifesto de 1929, Collor invocava a Campanha Civilista e Getúlio Vargas a ela também se refere em discurso de 3 de outubro de 1931, mas a formação de ambos era castilhista. Vitoriosa a revolução, logo desaparece o liberalismo do programa inicial, e vence o espírito autoritário de Pinheiro Machado. Era mais uma interseção tardia de civilismo e hermismo, desta vez no plano político.⁵

5.

Recebida a carta de Evaristo a 20 de outubro, apesar de datada de 18, não se furta Ruy em respondê-la, e o faz no espaço de uma semana. Já a 26 é recebida a resposta, tanto mais meritória quanto lhe seria fácil exculpar-se por motivos de doença ou de falta de tempo. Acudiu, a despeito de se tratar de um adversário da véspera, adversário de prestígio eleitoral e de inegável talento político, colocados ambos a serviço de Hermes da Fonseca. Consulta seu foro íntimo e, indiferente a aplausos ou a censuras, opina com a maior isenção, segundo a melhor doutrina e a sua própria experiência pessoal, na qual se encontram antecedentes de grande notoriedade, participando ele na defesa de desafetos políticos. Numerosos são os exemplos ao longo de sua vida. Já alguns anos

---

5. Respectivamente: GUIMARÃES, Manoel Luiz Lima Salgado. *A Revolução de 30*: textos e documentos. Brasília: Editora Universidade de Brasília, 1982. p. 220. Tomo I, e VARGAS, Getúlio. *A nova política do Brasil*. Rio de Janeiro: José Olympio, 1938. p. 155. v. I.

antes havia dito, a este propósito: "Nunca vi oprimidos os meus adversários, que me não inclinasse para eles".[6]

Três parágrafos da resposta de Ruy lhe resumem com perfeição a doutrina, desde então sempre repetida entre nós e tornada verdadeiro dogma da deontologia profissional do advogado. Ei-los:

> Ora, quando quer e como quer que se cometa um atentado, a ordem legal se manifesta necessariamente por duas exigências, a acusação e a defesa, das quais a segunda por mais execrando que seja o delito, não é menos especial à satisfação da moralidade pública do que a primeira. A defesa não quer o panegírico da culpa, ou do culpado. Sua função consiste em ser, ao lado do acusado, inocente, ou criminoso, a voz dos seus direitos legais.
>
> Se a enormidade da infração reveste caracteres tais, que o sentimento geral recue horrorizado, ou se levante contra ela em violenta revolta, nem por isto essa voz deve emudecer. Voz do Direito no meio da

---

6. VIANA FILHO, Luís. Ruy, defensor dos adversários. *Forum*, Revista do Instituto dos Advogados da Bahia, 1973, p. 235-240.

paixão pública, tão susceptível de se demasiar, às vezes pela própria exaltação da sua nobreza, tem a missão sagrada, nesses casos, de não consentir que a indignação degenere em ferocidade e a expiação jurídica em extermínio cruel.

....

Recuar ante a objeção de que o acusado é "indigno de defesa", era o que não poderia fazer o meu douto colega, sem ignorar as leis do seu ofício, ou traí-las. Tratando-se de um acusado em matéria criminal, não há causa em absoluto *indigna de defesa*. Ainda quando o crime seja de todos o mais nefando, resta verificar a prova; e ainda quando a prova inicial seja decisiva, falta, não só apurá-la no cadinho dos debates judiciais, senão também vigiar pela regularidade estrita do processo nas suas mínimas formas. Cada uma delas constitui uma garantia, maior ou menor, da liquidação da verdade, cujo interesse em todas se deve acatar rigorosamente.

Tudo mais que se contém no escrito de Ruy – exemplos históricos, citações doutrinárias, argumentos de autoridade – nada acrescenta de qualitativamente novo às suas palavras aqui transcritas. A tese está exposta com clareza e convicção, embora, como se depreende de diversas passagens, estivesse ele convencido da culpabilidade do acusado, da hediondez do seu crime e praticamente da sua condenação. Havia uma semana que a tragédia ocorrera, quando lhe chegou a consulta, e Ruy – com justificável antipatia pelo réu – somente conhecia os fatos que vinham narrados pela imprensa. Todas essas circunstâncias, sem dúvida, ainda mais engrandecem o desprendimento e a elevação moral de Ruy, que mais uma vez saía em socorro de um desafeiçoado seu.

As últimas palavras de Ruy, no entanto, apesar da sua tese humanitária, como que constituíam um prejulgamento do acusado. Valem repetidas, para que se tenha bem presente, na continuidade do raciocínio, a dureza de sua opinião:

> Há de lhe ser árdua a tarefa. Não vejo na face do crime, cujo autor vai defender, um traço, que destoe da sua repugnante expressão, que lhe desbaste o tipo da refinada maldade.

> Fala-me em elementos, de que está de posse, os quais "muito diminuem, senão excluem, sua responsabilidade". Queira Deus

que se não iluda. Essa responsabilidade se acentua, no conjunto das provas conhecidas, com uma evidência e uma proeminência, que se me afiguram insusceptíveis de atenuação. Nem por isso, todavia, a assistência do advogado, na espécie, é de menos necessidade, ou o seu papel menos nobre.

Ora, convenhamos, se, por um lado, socorria-se Evaristo com a autoridade do seu chefe político para partir em defesa de um ferrenho adversário da véspera; por outro, fora da tese abstrata, colocava-se a mesma autoridade de todo contra o seu cliente no caso concreto. O escrito, porém, constituía um todo inteiriço, inextricável, e assim mesmo Evaristo o fez publicar – quando poderia guardá-lo para si, para tranquilidade de sua consciência – no *Diário de Notícias*, de 3 de novembro, uma semana após tê-lo recebido. Tirada em folheto, foi "a carta doutrinadora" – como a denomina Evaristo – distribuída aos milhares, mas já agora acrescida de "respeitosas observações, em que mostrava o equívoco em que laborou o Mestre, supondo *provada* a responsabilidade de Tavares".[7]

---

7. MORAIS, *Reminiscências...*, *op. cit.*, p. 246.

O inesperado da tese de Ruy, nas circunstâncias, reboou como um tiro na opinião pública, na imprensa e na própria doutrina jurídica nacional. No mesmo ano, o Prof. Cândido de Oliveira Filho a ela se referiu, transcrevendo-a em parte, em seu compêndio de prática forense, em acréscimo da sua afirmação:

> Proíbe-se aos advogados: (...) II – sustentar e defender causas notoriamente injustas – o que se entende somente das causas cíveis e não a respeito das criminais.[8]

Dez anos mais tarde, diante da grande procura do folheto que havia sido publicado por Evaristo, foi ele novamente editado pelo Instituto Bibliográfico Brasileiro, com o seguinte prefácio:

> O Instituto Bibliográfico Brasileiro, que tem como Diretor-Gerente o mais antigo bibliófilo brasileiro, enceta a reimpressão de monografias brasílicas esgotadas, com a carta do abalizado jurisconsulto e

---
8. OLIVEIRA FILHO, Cândido L. M. de. *Curso de prática do processo*. Rio de Janeiro: [s.n.], 1911/1912. p. 211.

máxima mentalidade brasileira (senão universal), Senador Ruy Barbosa, sobre *O Dever do Advogado*, na qual, respondendo ao advogado Dr. Evaristo de Morais, salienta as doutrinas e pensamentos nos casos de consciência jurídica.

A nota, sem dúvida, é muito mal redigida, mas nela há a destacar a consagração do mito em torno do nome de Ruy, a caminho dos 71 anos de idade e a dois de sua morte. Sempre foi dos hábitos dos brasileiros a exclamação basbaque diante da inteligência e da erudição, como que andando cada qual com um aparelho medidor de QI, a traçar a escala de talentos nacionais. Somente agora, nos últimos anos, em uma sociedade mais crítica e menos conformista, é que se vai desfazendo essa atitude de permanente admiração por alguns pró-homens. Os próprios termos da carta de Evaristo e do título das suas observações dão bem uma ideia da reverência intelectual que se devia a Ruy, quase incompreensível para as gerações que não lhe chegaram a sentir a influência pessoal e direta. Não raro via seu nome acompanhado de *genial*, e ninguém o igualou até hoje entre nós nessa admiração e respeito, quer entre amigos, quer entre adversários. Sua fama tornou-se um mito, como que enchendo o Brasil de orgulho por ser ele brasileiro.[9]

6.

Convém notar, entretanto, que à época Evaristo ainda não se havia formado em curso superior, era rábula como ele próprio se autodenomina nas suas *Reminiscências*. Diplomou-se somente aos 45 anos de idade, em 1916, pela Faculdade de Direito de Niterói, apelidada de Teixeirinha (Faculdade Teixeira de Freitas), formando-se "bacharel como toda gente". O ponto central do seu discurso de formatura foi exatamente o tema da carta de 1911, terminando, como não poderia deixar de ser, por citar a opinião de Ruy a ele endereçada. Bastam alguns pequenos trechos, significativos:

> A alguns dos novos advogados deve, já, ter ocorrido, em sua perturbadora perplexi-

---

9. Para a medida dessa admiração, mas, também, para as calúnias de que foi vítima, veja-se, de Américo Jacobina Lacombe, Ruy – o homem e o mito. *In*: *À sombra...*, *op. cit.*, p. 157-173.

dade, aquilo que o profundo Picard chamou "o paradoxo do advogado"; quero dizer: deve-lhes ter sucedido refletir no suposto absurdo de poder um homem se conservar honesto e digno, *embora defendendo causas más e grandes criminosos...*

Quanto às causas qualificadas más, de natureza civil, não me abalanço a discutir, aqui, o grave ponto, remetendo os colegas para a aludida obrinha de Picard, em a qual, se me afigura, o problema é resolvido. Muito me apraz, porém (e, decerto, toda gente compreenderá por quê), comunicar-lhes, perante tão honroso auditório, o meu sentir e o meu pensar acerca da defesa dos criminosos, sejam grandes ou pequenos, tenham por si ou contra si a formidável opinião pública.

Em princípio, a defesa é de direito para todos os acusados, não havendo crime, por mais hediondo, cujo julgamento não deva ser assistido da palavra acalmadora, ou retificadora, ou consoladora, ou atenuadora, do advogado.

Após duas páginas e meia sobre a arbitrariedade da ausência de advogado, mormente durante a Revolução Francesa, cuja lei não concedia defensores aos conspiradores, volta aos dias e à sua experiência de advogado criminal, aconselhando seus colegas:

> Tomai cuidado com os impulsos do vosso brio profissional, com o impetuoso cumprimento do vosso dever, nesses casos de prevenção coletiva: se seguirdes tais impulsos, tereis de suportar desde os insultos mais soezes até à manhosa dissimulação das vossas razões e dos vossos argumentos de defesa. Por pouco vos dirão que tivestes parte na premeditação do crime e que, com defendê-lo, só buscais o lucro pecuniário, o prêmio ajustado da vossa cumplicidade na urdidura do plano criminoso.
>
> Mas, se um dia tiverdes de vos defrontar com esta situação – de um lado o infeliz que exora, súplice, o vosso patrocínio, de outro lado, a matilha que anseia para o despedaçar sem processo – recordai-vos das sentenciosas palavras desse que não tem igual no seio da nossa classe, desse que é por todos os mestres reputado Mestre e cujo nome fora supérfluo citar, de novo. Recebi-as eu, como lição suprema e definitiva, em um dos mais angustiosos transes da minha carreira forense.[10]

---

10. MORAIS, *Reminiscências...*, *op. cit.*, p. 290-291 e 293.

A página seguinte é toda ela transcrição de longos trechos da carta de Ruy, valendo destacar um trecho que não foi por nós referido neste prefácio:

> O furor dos partidos tem posto muitas vezes os seus adversários *fora da lei*. Mas, perante a humanidade, perante o cristianismo, perante o direito dos povos civilizados, perante as normas fundamentais do nosso regímen, ninguém, por mais bárbaros que sejam os seus atos, decai do abrigo da legalidade. Todos se acham sob a proteção das leis, que, para os acusados, assenta na faculdade absoluta de combaterem a acusação, articularem a defesa e exigirem a fidelidade à ordem processual. Esta incumbência, a tradição jurídica das mais antigas civilizações a reservou sempre ao ministério do advogado. A este, pois, releva honrá-lo, não só arrebatando à perseguição os inocentes, mas reivindicando, no julgamento dos criminosos, a lealdade às garantias legais, a equidade, a imparcialidade, a humanidade.

7.

Os ensinamentos de Ruy constam hoje, pacíficos e tranquilos, do Código de Ética

Profissional do Estatuto da Ordem dos Advogados do Brasil (Lei nº 4.215, de 27 de abril de 1963), em seu artigo 87, XII:

> São deveres do advogado:
>
> XII – recusar o patrocínio de causa que considere imoral ou ilícita, salvo a defesa em processo criminal.[11]

Com a mesma clareza e convicção, voltava Ruy ao tema na célebre *Oração aos moços*, ao final do discurso de paraninfado lido na Faculdade de Direito de São Paulo pelo Prof. Reinaldo Porchat, a 29 de março de 1921. Entre os mandamentos do advogado, mereceram destaque:

> Não colaborar em perseguições ou atentados, nem pleitear pela iniquidade ou imoralidade. Não se subtrair à defesa das causas impopulares, nem à das perigosas, quando justas. Onde for apurável um grão, que seja,

---

11. GUEIROS, Nehemias. *A advocacia e o seu estatuto*. Rio de Janeiro/São Paulo: Freitas Bastos, 1964. p. 31-32; SODRÉ, Ruy de A. *A ética profissional e o estatuto do advogado*. 2. ed. São Paulo: Ltr, 1977. p. 190-191 e 639. • Cf. também: CRESSONIÈRES, J. des. *Entretiens sur la Profession d'Avocat et les Règles Professionelles*. Bruxelles: [s.n.], 1925. p. 28.

de verdadeiro direito, não regatear ao atribulado o consolo do amparo judicial.[12]

8.

Foi exatamente em assim procedendo – apurando o grão que lhe restava do verdadeiro direito, não regateando a Mendes Tavares o consolo do amparo judicial – que Evaristo obteve a absolvição do réu em três julgamentos sucessivos pelo Tribunal do Júri. Foi exatamente fazendo verificar a prova, apurando-a no cadinho dos debates judiciais, vigiando a regularidade estrita do processo nas mínimas formas, que Evaristo chegou à liquidação da verdade, conseguindo que passasse em julgado a decisão absolutória do seu cliente. Fizeram-se procedentes e acatadas rigorosamente as respeitosas observações feitas ao Mestre.

Esmeraldino Bandeira fora veemente, rude, não poupando o réu de uma acusação

---

12. BARBOSA, Ruy. *Oração aos moços*. Edição comemorativa do centenário de nascimento do grande brasileiro. São Paulo: Ed. da "Org. Simões", 1949. p. 35.

cerrada, concluindo por pedir a sua condenação, nestes termos dramáticos:

> O país em que um crime como este ficasse impune ou fosse perdoado seria um país em via de dissolução por lhe faltarem as duas qualidades básicas de toda organização social – a moralidade e a justiça.
>
> A absolvição do réu presente importaria na condenação de sua vítima e, certo, Srs. Jurados, não iríeis e não ireis adicionar à morte do corpo de Lopes da Cruz o homicídio de sua alma.
>
> Em nome da lei, pois, fazei justiça, condenando José Mendes Tavares.[13]

Tão grande era o prestígio popular de Mendes Tavares que, quando preso da primeira vez, antes do primeiro julgamento, conseguira ganhar uma eleição. Depois de exaustiva prova documental, exames periciais, testemunhos a favor do réu do general Bento Ribeiro (prefeito da capital), do Dr. Osório de Almeida e da própria superiora do Colégio Sion, de Petrópolis, obteve Evaristo

---
13. BANDEIRA, *op. cit.*, p. 70.

que ficasse proclamada "a nenhuma responsabilidade criminal do acusado".

Ao fim da terceira absolvição, parte da imprensa censurou o veredicto, chegando algumas pessoas, como acontece sempre nestes casos, a sugerir a supressão do júri, como aconteceu com o Dr. Pires e Albuquerque, juiz seccional. A isto respondeu Alcindo Guanabara com um longo artigo em *O País*, de 28 de julho de 1916, sob o título de "A supressão do júri". Tendo assistido a todo o julgamento, depois de elogiar muito a figura do patrono do principal acusado, conclui Alcindo:

> O júri absolveu o Sr. Mendes Tavares. Não era um júri composto de cafajestes, nem de desclassificados sociais; compunham-no sete cidadãos conspícuos, que leram o processo, que ouviram a esmagadora defesa proferida pelo Sr. Evaristo de Morais, e que julgaram em consciência. Eu também o absolveria. O Sr. Dr. Pires e Albuquerque, juiz íntegro e modelo, se conhecesse o processo, também o absolveria. Não é por essa sentença que devemos retrogradar até à supressão do júri.

A instituição do júri – diga-se de passagem – foi mantida pela Constituição republicana de 1891, da qual foi Ruy um dos principais artífices. Defendeu-a em comentários ao texto constitucional e em mais de uma oportunidade. Em vez de suprimi-la, dizia Ruy, convém aperfeiçoá-la:

> Precisamos de melhorar a composição do júri, como de melhorar a do eleitorado, atuando-lhe sobre a qualificação, filtrando-o, decantando-lhe as impurezas. Aliás, ainda com estas, as arguições fundadas contra o júri não são maiores, entre nós, do que as queixas merecidas contra a magistratura togada. [...] Quando o tribunal popular cair, é a parede mestra da justiça que ruirá.[14]

9.

O que importa fixar, no entanto, colocando o último parágrafo neste prefácio, que já se faz longo, é a significação e a importância da carta de Ruy Barbosa na história do direito criminal brasileiro. Com a sua autoridade, impôs a sua doutrina a todos

---

14. *In*: LYRA, Roberto. *A obra de Ruy Barbosa em criminologia e direito criminal*. Rio de Janeiro: [s.n.], 1949. p. 161-166.

desde logo como verdadeiro truísmo jurídico – repetida, citada, até referida sem haver sido lida, por ouvir dizer.[15] Feliz foi Evaristo de Morais ao consultá-lo, embora declarasse que seguiria à risca o seu veredicto, que lhe poderia ser contrário. Associou para sempre o seu nome ao do seu grande ídolo, seu herói desde a mocidade, quando, ainda rapazinho, se alinhou entre os que combatiam a escravidão e a monarquia. Mais tarde participou da campanha civilista, voltando a associar-se a Ruy na campanha presidencial de 1919, sentando-se ao lado do candidato na conferência, sobre a questão social e política, de 20 de março daquele ano, para cuja elaboração muito colaborou, como o comprovam os documentos deixados, mui-

---

15. Roberto Lyra a transcreve na íntegra, na obra citada na nota anterior, p. 191-201. Para SOILBELMAN, Leib. *Enciclopédia do advogado*. 4. ed. Rio de Janeiro: Rio, 1983. p. 354, verbete: Todo acusado tem o direito de defesa, "Ruy Barbosa na sua inexcedível carta conhecida como 'Dever do Advogado', esgotou o assunto". • Curiosa ironia da história: adversários ferrenhos de 1910, Mendes Tavares e Evaristo de Morais acabaram por ser correligionários sob a bandeira da Aliança Liberal e os dois foram os representantes do Distrito Federal na sessão comemorativa da vitória da Revolução, realizada em princípios de 1931, no Teatro Lírico, no Rio de Janeiro.

to honestamente, pelo próprio morador da Rua S. Clemente em seus arquivos.

O dever do advogado, apesar de pequeno em suas dimensões, constitui um clássico na matéria de ética profissional entre nós, merecendo por isso, e sempre, novas reedições para conhecimento dos que ainda não tiveram a grata oportunidade de lê-lo.

Rio de Janeiro, 9 de fevereiro de 1985.

Evaristo de Morais Filho

Consulta

Venerando mestre e preclaro chefe.

Para solução dum verdadeiro caso de consciência solicito vossa *palavra de ordem*, que à risca cumprirei. Deveis ter, como toda a gente, notícia, mais ou menos completa, do lamentável crime de que é acusado o Dr. Mendes Tavares. Sabeis que esse moço é filiado a um agrupamento partidário que apoiou a desastrada candidatura do marechal Hermes. Sabeis outrossim que, ardente admirador da vossa extraordinária mentalidade e entusiasmado pela lição de civismo que destes em face da imposição militarista, pus-me decididamente ao serviço da vossa candidatura.

Dada a suposta eleição do vosso antagonista, tenho até hoje mantido e pretendo manter seguramente as mesmas ideias. Ocorreu todavia o triste caso a que aludi.

O acusado Dr. José Mendes Tavares foi meu companheiro durante quatro anos, nos bancos escolares. Não obstante o afastamento político, sempre tivemos relação de amistosa camaradagem. Preso, angustiado, sem socorro imediato de amigos do seu grupo, apelou para mim, solicitando meus serviços profissionais.

Relutei, no princípio; aconselhei desde logo, fosse chamado outro patrono, parecendo-me estar naturalmente indicado um profissional bem conhecido, hoje deputado federal, que supus muito amigo do preso. Essa pessoa por mim apontada escusou-se à causa.

A opinião pública, diante de certas circunstâncias do fato, alarmou-se estranhamente, chegando-se a considerar o acusado *indigno de defesa*! Não me parece se deva dar foros de justiça a essa ferocíssima manifestação dos sentimentos excitados da ocasião. O acusado insiste pela prestação dos meus humildes serviços. Eu estou de posse de elementos que em muito diminuem, senão excluem, sua responsabilidade no caso. Recorro respeitosamente à vossa alta autoridade e vos instituo, com grandíssima e justificada confiança, juiz do meu proceder: devo, por ser o acusado nosso adversário, desistir da defesa iniciada?

Prosseguindo nela, sem a menor quebra dos laços que me prendem à bandeira do civilismo, cometo uma incorreção partidária?

Espero de vossa generosidade resposta pronta e que sirva como sentença inapelável, para acalmação de minha consciência.

Venerador e respeitador

Evaristo de Morais

CARTA

Rio, Vila Maria Augusta, 26 de outubro de 1911.

Dr. Evaristo de Morais:

Só agora posso acudir à sua carta de 18 do corrente, que me chegou às mãos dois dias depois.

Recusando-me ao apelo, que a sua consciência dirige à minha, cometeria eu um ato de fraqueza, que não se concilia com a minha maneira de sentir. Quando se me impõe a solução de um caso jurídico ou moral, não me detenho em sondar a direção das correntes que me cercam: volto-me para dentro de mim mesmo, e dou livremente a minha opinião, agrade ou desagrade a minorias, ou maiorias.

Na hipótese, tanto mais sem liberdade me acharia, para me furtar à consulta, que me endereça, quanto ela está resolvida por antecedências de grande notoriedade na minha vida.

Tendo assumido o patrocínio da causa do principal acusado do crime da Avenida, cujo protagonista militou com honras e galões na campanha do hermismo contra a ordem civil, vê-se o meu prezado colega, a quem tão bons serviços deve o civilismo, diante das censuras que por isso lhe irrogam, em presença destas questões que formula e me dirige:

> Devo, *por ser o acusado nosso adversário*, desistir da defesa iniciada?

> Prosseguindo nela, sem a menor quebra dos laços que me prendem à bandeira do civilismo, cometo uma incorreção partidária?

O meu senso íntimo não hesita na resposta.

Os partidos transpõem a órbita da sua legítima ação, toda a vez que invadam a esfera da consciência profissional, e pretendam contrariar a expressão do Direito. Ante essa tragédia, por tantos lados abominável, de que foi vítima o comandante Lopes da Cruz, o único interesse do civilismo, a única exigência do seu programa, é que se observem rigorosamente as condições da justiça. Civilismo quer dizer ordem civil, ordem jurídica, a saber: governo da lei, contraposto ao governo do arbítrio, ao governo da força, ao governo da espada. A espada enche hoje a política do Brasil. De instrumento de obediência e ordem, que as nossas instituições constitucionais a fizeram, coroou-se em rainha e soberana. Soberana das leis. Rainha da anarquia. Pugnando, pois, contra ela, o civilismo pugna pelo restabelecimento da nossa Constituição, pela restauração da nossa legalidade.

Ora, quando quer e como quer que se cometa um atentado, a ordem legal se manifesta necessariamente por duas exigências, a acusação e a defesa, das quais a segunda, por mais execrando que seja o delito, não é menos especial à satisfação da moralidade pública do que a primeira. A defesa não quer o panegírico da culpa, ou do culpado. Sua função consiste em ser, ao lado do acusado, inocente, ou criminoso, a voz dos seus direitos legais.

Se a enormidade da infração reveste caracteres tais, que o sentimento geral recue horrorizado, ou se levante contra ela em violenta revolta, nem por isto essa voz deve emudecer. Voz do Direito no meio da paixão pública, tão susceptível de se demasiar, às vezes pela própria exaltação da sua nobreza, tem a missão sagrada, nesses casos, de não consentir que a indignação degenere em ferocidade e a expiação jurídica em extermínio cruel.

O furor dos partidos tem posto muitas vezes os seus adversários *fora da lei*. Mas, perante a humanidade, perante o cristianismo, perante os direitos dos povos civilizados, perantes as normas fundamentais do nosso regímen, ninguém, por mais bárbaros que sejam os seus atos, decai do abrigo da legalidade. Todos se acham sob a proteção das leis, que, para os acusados, assenta na faculdade absoluta de combaterem a acusação, articularem a defesa, e exigirem a fidelidade à ordem processual. Esta incumbência, a tradição jurídica das mais antigas civilizações a reservou sempre ao ministério do advogado. A este, pois, releva honrá-lo, não só arrebatando à perseguição os inocentes, mas reivindicando, no julgamento dos criminosos, a lealdade às garantias legais, a equidade, a imparcialidade, a humanidade.

Esta segunda exigência da nossa vocação é a mais ingrata. Nem todos para ela têm a precisa coragem. Nem todos se acham habilitados, para ela, com essa intuição superior da caridade, que humaniza a repressão, sem a desarmar. Mas os que se sentem com a força de proceder com esse desassombro de ânimo não podem inspirar senão simpatia às almas bem formadas.

Voltaire chamou um dia, brutalmente, à paixão pública "a demência da canalha". Não faltam, na história dos instintos malignos da multidão, no estudo instrutivo da contribuição deles para os erros judiciários, casos de lamentável memória, que expliquem a severidade dessa aspereza numa pena irritada contra as iniquidades da justiça no seu tempo. No de hoje, com a opinião educada e depurada que reina sobre os países livres, essas impressões populares têm, por via de regra, a orientação dos grandes sentimentos. Para elas se recorre, muitas vezes com vantagens, das sentenças dos maiores tribunais.

Circunstâncias há, porém, ainda entre as nações mais adiantadas e cultas, em que esses movimentos obedecem a verdadeiras alucinações coletivas. Outras vezes a sua inspiração é justa, a sua origem magnânima. Trata-se de um crime detestável que acordou a cólera popular. Mas, abrasada assim, a irritação pública entra em risco de se descomedir. Já não enxerga a verdade com a mesma lucidez. O acusado reveste aos seus olhos a condição de monstro sem traço de procedência humana. A seu favor não se admite uma palavra. Contra ele tudo o que se alega ecoará em aplausos.

Desde então começa a justiça a correr perigo, e com ele surge para o sacerdócio do advogado a fase melindrosa, cujas dificuldades poucos ousam arrostar. Faz-se mister resistir à impaciência dos ânimos exacerbados, que não tolera a serenidade das formas judiciais. Em cada uma delas a sofreguidão pública descobre um fato à impunidade. Mas é, ao contrário, o interesse da verdade o que exige que elas se esgotem; e o advogado é o ministro desse interesse. Trabalhando por que não faleça ao seu constituinte uma só dessas garantias da legalidade, trabalha ele, para que não falte à justiça nenhuma de suas garantias.

Eis por que, seja quem for o acusado, e por mais horrenda que seja a acusação, o patrocínio do advogado, assim entendido e exercido assim, terá foros de meritório, e se recomendará como útil à sociedade.

Na mais justa aversão dela incorreu a causa do infeliz, cuja defesa aceitou o meu ilustrado colega. Aceitando-a, pois, o eloquente advogado corre ao encontro da impopularidade. É um rasgo de sacrifício, a que um homem inteligente como ele se não abalançaria, sem lhe medir o alcance, e lhe sentir o amargor. As considerações, expendidas na sua carta, que levaram a fazê-lo, são das mais respeitáveis. Nenhum coração de boa têmpera lhas rejeitará.

A cabeça esmagada pela tremenda acusação estava indefesa. O horror da sua miséria moral lhe fechara todas as portas. Todos os seus amigos, os seus coassociados em interesses políticos, os companheiros de sua fortuna até o momento do crime, não tiveram a coragem de lhe ser fiéis na desgraça. Foi então que o abandonado se voltou para o seu adversário militante, e lhe exorou o socorro que Deus com a sua inesgotável misericórdia nos ensina a não negar aos maiores culpados.

O meu prezado colega não soube repelir as mãos, que se lhe estendiam implorativamente. A sua submissão a esse sacrifício honra aos seus sentimentos e a nossa classe, cujos mais eminentes vultos nunca recusaram o amparo da lei a quem quer que lho exorasse. Lachaud não indeferiu a súplica de Troppmann, o infame e crudelíssimo autor de uma hecatombe de oito vítimas humanas, traiçoeiramente assassinadas sob a inspiração do roubo.

A circunstância, cuja alegação se sublinha na sua carta, de "ser o acusado nosso adversário", não entra em linha de conta, senão para lhe realçar o merecimento a esse ato de abnegação. Em mais de uma ocasião, na minha vida pública, não hesitei em correr ao encontro dos meus inimigos, acusados e perseguidos, sem nem sequer aguardar que eles mo solicitassem, provocando contra mim desabridos rancores políticos e implacáveis campanhas de malsinação, unicamente por se me afigurar necessário mostrar aos meus conterrâneos, com exemplos de sensação, que acima de tudo está o serviço da justiça. Diante dela não pode haver diferença entre amigos e adversários, senão para lhe valermos ainda com mais presteza, quando ofendida nos adversários do que nos amigos.

Recuar ante a objeção de que o acusado é "indigno de defesa" era o que não poderia fazer o meu douto colega, sem ignorar as leis do seu ofício, ou traí-las. Tratando-se de um acusado em matéria criminal, não há causa em absoluto *indigna de defesa*. Ainda quando o crime seja de todos o mais nefando, resta verificar a prova: e ainda quando a prova inicial seja decisiva, falta, não só apurá-la no cadinho dos debates judiciais, senão também vigiar pela regularidade estrita do processo nas suas mínimas formas. Cada uma delas constitui uma garantia, maior ou menor, da liquidação da verdade, cujo interesse em todas se deve acatar rigorosamente.

A esse respeito não sei que haja divergências, dignas de tal nome, na ética da nossa profissão. Zanardelli, nos seus célebres discursos aos advogados de Brescia, acerca da advocacia, depois de estabelecer como, em matéria civil, se faz cúmplice da iniquidade o patrono ciente e consciente de uma causa injusta, para logo ali se dá pressa em advertir:

> Em princípio, todavia, não pode ter lugar nas causas penais, onde ainda aqueles que o advogado saiba serem culpados, *não*

só podem mas *devem* ser por ele defendidos. Mittermaier observa que os devemos defender, até no caso que deles tenhamos, diretamente, recebido a confissão de criminalidade. Algumas leis germânicas estatuem que nenhum advogado se poderá subtrair à obrigação da defesa com o pretexto de nada achar que opor à acusação. No juramento imposto pela lei genebrina de 11 de julho de 1836, juramento no qual se compendiam os deveres do advogado, entre outras promessas, que se lhe exigem, se encontra a de "não aconselhar ou sustentar causa, que lhe não pareça justa, *a menos que se trate da defesa de um acusado*". Ante a justiça primitiva, pois, o patrocínio de uma causa má não só é *legítimo, senão ainda obrigatório*; porquanto a humanidade o ordena, a piedade o exige, o costume o comporta, a lei o impõe.[16]

Na grande obra de Campani sobre a defesa penal se nos depara a mesma lição. Nos mais atrozes crimes, diz ele,

> por isso mesmo que sobre o indivíduo pesa a acusação de um horrível delito, expondo-o a castigos horríveis, é que mais necessidade tem ele de assistência e defesa.[17]

---

16. ZANARDELLI. *L'Avvocatura*, p. 160-161.
17. CAMPANI. *La Difesa Penale*, p. 39-41, v. I.

O Professor Christian, anotando os *Comentários* de Blackstone (IV, 356), diz:

> Circunstâncias pode haver, que autorizem ou compilam um advogado a enjeitar a defesa de um cliente. Mas não se pode conceber uma causa, que deva ser rejeitada por quantos exerçam essa profissão; visto como esse procedimento de todos os advogados tal prevenção excitaria contra a parte, que viria a importar quase na sua condenação antes do julgamento.
>
> *Por mais atrozes que sejam as circunstâncias contra um réu,* ao advogado sempre incumbe o dever de atentar por que o seu cliente não seja condenado senão de acordo com as regras e formas, cuja observância a sabedoria legislativa estabeleceu como tutelares da liberdade e segurança individual.[18]

As falhas da própria incompetência dos juízes, os erros do processo são outras tantas causas de resistência legal da defesa, pelas quais a honra da nossa profissão tem o mandato geral de zelar; e, se uma delas assiste ao acusado, cumpre que, dentre a nossa classe,

---

18. CHRISTIAN *apud* BLACKSTONE, William. *Commentaries on the Laws of England in Four Books*. [S.l.]: [s.n.], [s.d.]. p. 356. Livro 4.

um ministro da lei se erga, para estender o seu escudo sobre o prejudicado, ainda que, diz o autor de um livro magistral sobre estes assuntos, "daí resulte escapar o delinquente".[19]

Nesse tratado acerca da nossa profissão e seus deveres, escrito com a alta moral e o profundo bom-senso das tradições forenses da Grã-Bretanha, se nos relata o caso da censura articulada pelo *Lord Justice-Clerk*, no processo de Gerald, réu de sedição, que, em 1794, requeria às justiças de Edimburgo lhe nomeassem defensor, queixando-se de lhe haverem negado os seus serviços todos os advogados, a cuja porta batera. "Ainda sem a interferência deste tribunal", admoestou o magistrado, a quem se dirigia a petição,

> nenhum *gentleman* devia recusar-se a defender um acusado, *fosse qual fosse a natureza do seu crime; whatever the nature of his crime might be.*

De tal modo calou nos ânimos essa advertência, que Howell, o editor dos *Processos de Estado*, endereçou uma nota ao decano da

---

19. FORSYTH, William. *Hortensius*. p. 388-389 e 408-409.

Faculdade dos Advogados Henry Erskine, irmão do famoso Lord Erskine, o Demóstenes do foro inglês, único do seu tempo a quem cedia em nomeada, e Henry Erskine se apressou em responder que o acusado o não procurara:

> Tivesse ele solicitado o meu auxílio, e eu lhe assistiria [...] pois sempre senti, como o *Lord Justice-Clerk*, que se não deve recusar defesa a um acusado, *qualquer que seja a natureza do seu crime; whatever be the nature of his crime*.[20]

Do que a esse respeito se usa e pensa nos Estados Unidos, temos documento categórico no livro escrito sobre a ética forense por um eminente magistrado americano, o Juiz Sharswood da Suprema Corte da Pensilvânia. Professando, na universidade desse estado, sobre os deveres da nossa profissão, ensinava ele aos seus ouvintes:

> O advogado não é somente o mandatário da parte, senão também um funcionário do tribunal. À parte assiste o direito de ver a sua causa decidida segundo o direito e a prova, bem como de que ao espírito dos juízes se exponham todos os aspectos do

---

20. FORSYTH, *op. cit.*, p. 388.

assunto, capazes de atuar na questão. Tal o ministério, que desempenhava o advogado. Ele não é moralmente responsável pelo ato da parte em manter um pleito injusto, nem pelo erro do tribunal, se este em erro cair, sendo-lhe favorável no julgamento. Ao tribunal e ao júri incumbe pesar ambos os lados da causa; ao advogado, auxiliar o júri e o tribunal, fazendo o que o seu cliente em pessoa não poderia, por míngua de saber, experiência ou aptidão. O advogado, pois, que recusa a assistência profissional, *por considerar, no seu entendimento, a causa como injusta e indefensável, usurpa as funções, assim do juiz, como do júri* (*An Essay on Professional Ethics*, p. 83-86).

Páginas adiante (89-91) reforça o autor ainda com outras considerações esta noção correntia, que ainda por outras autoridades americanas vamos encontrar desenvolvida com esclarecimentos e fatos interessantes.[21]

Ante a deontologia forense, portanto, não há acusado, embora o fulmine a mais terrível das acusações, e as provas o acabrunhem, que incorra no anátema de *indigno de*

---

21. HARDWICKE, Henry. *The Art of Winning Cases*. New York: [s.n.], 1896. p. 457. n. XV; SNYDER. *Great Speeches by Great Lawyers*. New York: [s.n.], 1892. p. 372.

defesa. "A humanidade exige que todo o acusado seja defendido".[22]

Lachaud não recusa assistência da sua palavra a La Pommérais, ladrão e assassino, que, depois de ter envenenado friamente a sua sogra, envenena com os mesmos requisitos de insensibilidade e perfídia a mulher que o amava, para se apoderar do benefício de um seguro, que, com esse plano, a induzira a instituir em nome do amante, cuja celerada traição não suspeitava.

Já vimos que o grande orador forense não se dedignou de patrocinar a causa de Troppmann. Na crônica do crime não há muitos vultos mais truculentos. De uma assentada; sem ódio, sem agravo, por mera cobiça de ouro, matara uma família inteira: o casal, um adolescente de 16 anos, quatro meninos, dos quais o mais velho com treze anos e uma criancinha de dois. Pois esse monstro teve por defensor o advogado mais em voga do seu tempo.

---

22. MOLLOT. *Règles de la Profession d'Avocat*. p. 92. t. I *apud* SERGEANT. *De la Nature Juridique du Ministère de l'Avocat*. [S.l.]: [s.n.], [s.d.]. p. 74-75.

Nunca, desde o processo Lacenaire, houvera um caso que levasse a indignação pública a um tal auge. Quando o criminoso escreveu a Lachaud, implorando-lhe que lhe acudisse, esta sua pretensão de eleger por patrono aquele, a quem então se começava a chamar por excelência "o grande advogado" ainda mais irritou a cólera popular; e, ao saber-se que ele aceitara a defesa do matador de crianças, cuja causa a multidão queria liquidar, linchando o grande criminoso, não se acreditou, protestou-se, tentou-se demovê-lo, e deu-se voz de escândalo contra essa honra a tão vil aborto da espécie humana.

Mas ao mundo forense essas imprecações e clamores não turvaram a serenidade.

> O advogado, fosse quem fosse, que Troppmann escolhesse, teria, nestas tristes circunstâncias, cumprido o seu dever honestamente, como querem a lei e o regimento da Ordem.

Lachaud, impassível ao vozear da ira pública, apresentou-se com simplicidade ao tribunal, diz o editor de seus discursos,

> como auxiliar da justiça, para ajudá-la a se desempenhar dos seus deveres, e *como de-*

> *fensor, para levantar entre o culpado e os ardores da multidão uma barreira.*[23]

A sua oração ali, obra-prima de eloquência judiciária e consciência jurídica, abre com estes períodos de oiro:

> Troppmann me pediu que o defendesse: é um dever o que aqui venho cumprir. Poderão tê-lo visto com espanto os que ignoram a missão do advogado. Os que dizem haver crimes tão abomináveis, tão horrendos criminosos que não há, para eles, a mínima atenuante na aplicação da justiça, os que assim entendem, senhores, laboram em engano, confundindo, na sua generosa indignação, a justiça com a cólera e a vingança. Não percebem que, abrasados nessa paixão ardente e excitados da comiseração para com tantas vítimas, acabam por querer que se deixe consumar um crime social, de todos o mais perigoso: o sacrifício da lei. Não compreendo eu assim as obrigações da defesa. O legislador quis que, ao lado do réu, fosse quem fosse, houvesse sempre uma palavra leal e honrada, para conter, quanto ser possa, as comoções da multidão, as quais, tanto mais terríveis quanto generosas, ameaçam abafar a verdade.

---

23. LACHAUD. *Plaidoyers de Ch. Lachaud*. [S.l.]: [s.n.], [s.d.]. p. 257-258. t. 2.

A lei é calma, senhores: não tem jamais nem sequer os arrebatamentos da generosidade. Assentou ela que a verdade não será possível de achar, senão quando buscada juntamente pela acusação e pela defesa. Compreendeu que nem tudo está nas vítimas, e que também é mister deixar cair um olhar sobre o acusado; que à justiça e ao juiz toca o dever de interrogar o homem, sua natureza, seus desvarios, sua inteligência, seu estado moral. Ao advogado então disse: "Estarás à barra do Tribunal, lá estarás com a tua consciência". [...] O direito da defesa, a liberdade da defesa, confiou-os à honra profissional do advogado, conciliando assim os legítimos direitos da sociedade com os direitos não menos invioláveis do acusado.

....

Houve algum dia, senhores, uma causa criminal, que mais exigisse a audiência da defesa? Malvadezas sem precedente [...] e no meio desta emoção geral, clamores exaltados a exigirem, contra o culpado, severidades implacáveis. Não avaliais, senhores, que a palavra de um defensor vos deve acautelar desse perigo? Jurastes não sacrificar os interesses da sociedade, nem os do acusado; prometestes ser calmos, inquirir da verdade fora das paixões tumultuosas da multidão; jurastes deixar falar a vossa consciência, quando se recolher, depois de tudo ouvido.

> Pois bem! Eu vo-lo exoro, impondo silêncio às vossas consciências, tende essa coragem, e esperai![24]

Onze anos antes, os auditórios de Paris se haviam agitado aos debates de um processo, que ainda mais comovera a sociedade francesa.

Um atentado extraordinário estremecera a nação toda, abalando o mundo político até os fundamentos.

O Império escapara de soçobrar num momento, fulminado, nas pessoas do Imperador e da Imperatriz, pela audácia de um tenebroso conspirador.

A mais miraculosa das fortunas salvara do excídio a Napoleão III com o chapéu varado por uma bala e o próprio rosto escoriado.

Mas os estragos em torno dele operados foram medonhos.

Dilacerado o carro imperial pelas estilhas da carga homicida, os animais ficaram vasquejando, num charco de sangue, de envolta com uns poucos de agonizantes: lanceiros,

---

24. LACHAUD, *op. cit.*, p. 282-283.

gendarmes, lacaios, transeuntes, alcançados todos pela ação exterminadora das bombas.

A estatística dessa devastação instantânea contou 512 ferimentos, 148 feridos e oito mortos. Dificilmente se poderia improvisar de um só golpe maior número de infortúnios e sofrimentos. O fulminato de mercúrio obrara maravilhas de instantaneidade na supressão de vidas inocentes; e a influência maligna dos projetis empregados revestira um caráter singularmente desumano, condenando os sobreviventes, pela natureza das chagas abertas nos tecidos lacerados, a cruciadores tormentos, ou moléstias incuráveis.

Tal se apresentara a obra da sanguinária conjura, que imortalizou com uma auréola negra o nome de Felice Orsini.

As intenções, que a haviam animado, não menos sinistras. "Pouco importava", diz o historiador do Segundo Império,

> que os estilhaços, projetando-se por toda a parte, juntassem à grande vítima votada à morte um sem conto de vítimas obscuras.

Pouco importava, contanto que se imolasse o Imperador. Reinaria então a anarquia em França, mediante a sua repercussão a anarquia na Itália, e destarte, se realizariam os pavorosos sonhos dessas imaginações doentias e pervertidas (DE LA GORCE, II, 219).

Pois bem: a esse crime, de tão infernal aspecto e tão bárbaras entranhas, não faltou, no julgamento sem conforto de esperança, a mão piedosa de um advogado, e esse o maior dos contemporâneos, aquele que exercia então sobre a sua classe o principado da eloquência e da celebridade profissional.[25]

Todos se inclinaram com admiração e respeito a esse ato de religiosa solenidade. Ninguém tolheu a defensiva ao execrado réu, cuja altivez de recriminações levou o primeiro presidente do tribunal a declarar-lhe que só o respeito às liberdades da defesa o obrigara a tolerar semelhante linguagem; e foi sobre a cabeça do réprobo, escoltado de espectros, que a inspirada oração de Júlio Favre ousou acabar, apelando das durezas da justiça da terra para as equidades da clemência do céu. "Para cum-

---

25. Júlio Favre.

prirdes o vosso dever sem paixão nem fraqueza", dizia ele em acentos de Bousset,

> não haveis mister, senhores, as adjurações do Sr. Procurador-Geral. Mas Deus, que a todos nos há de julgar; Deus, ante quem os grandes deste mundo comparecem tais quais são, despojados do séquito dos seus cortesãos e lisonjeiros; Deus que mede, ele só, a extensão das nossas culpas, a força dos impulsos que nos desvairam, a expiação que os resgata; Deus pronunciará, depois de vós, a sua sentença: e talvez não recuse o perdão, que os homens houverem tido por impossível na terra.[26]

Bem vê, pois, o meu colega: não há de que se arrepender. Tem consigo a lição geral e os melhores exemplos da nossa gloriosa profissão.

Há de lhe ser árdua a tarefa. Não vejo na face do crime, cujo autor vai defender, um traço, que destoe da sua repugnante expressão, que lhe desbaste o tipo da refinada maldade.

Fala-me em elementos, de que está de posse, os quais "muito diminuem, se não ex-

---

26. FAVRE, Júlio. *Discours du Batonnat*. [S.l.]: [s.n.], [s.d.]. p. 169-170.

cluem, sua responsabilidade".[27] Queira Deus que se não iluda. Essa responsabilidade se acentua, no conjunto das provas conhecidas, com uma evidência e uma proeminência, que se me afiguram insusceptíveis de atenuação.

Nem por isso, todavia, a assistência do advogado, na espécie, é de menos necessidade, ou o seu papel menos nobre.

Ruy Barbosa

---

27. Na *Revista Universitária*, de onde foi copiado o parecer, está: "muito lhe diminuem senão excluem, a responsabilidade".

Respeitosas observações

Vê-se bem no final desta substanciosa resposta – que vale por um tratado de ética profissional – a impressão causada na alma do Grande Brasileiro pelas notícias aleivosas com que os interessados procuram denegrir a reputação do Dr. Mendes Tavares, a pretexto de expor a ação criminosa em que ele se achou envolvido. Generoso e altruísta, dotado de uma afetividade que só é comparável, na grandeza, à sua extraordinária sabedoria, o mestre naturalmente se sentia naquela ocasião, *dias após o fato*, presa da emoção que se assenhoreou de todos os espíritos – mesmo os superiores – e que necessariamente deveria refletir na apreciação do triste acontecimento, que a malevolência cercara de invencionices perversas...

Daí o ter suspeitado que à defesa se antepunham enormíssimas barreiras; daí o ter afirmado que a nossa tarefa seria das mais árduas, por não oferecer o processo ensanchas para exculpação do acusado.

Em suas próprias palavras, entretanto, se nos depara abertura para estas respeitosas observações. Disse Ruy Barbosa:

Não vejo na face do crime, cujo autor vai defender, um traço, que destoe da sua repugnante expressão, que lhe desbaste o tipo da refinada maldade. Fala-me em elementos, os quais "muito diminuem, se não excluem," sua responsabilidade. Queira Deus que se não iluda. Essa responsabilidade se acentua, no *conjunto das provas conhecidas*, com uma evidência e um proeminência, que se me afiguram insusceptíveis de atenuação. (grifo nosso).

De fato, se chamarmos *conjunto das provas conhecidas* (como em boa-fé as classificou o insigne e incomparável jurisconsulto) as circunstâncias que a imprensa deu como apuradas; se aceitarmos, para formação do nosso juízo, puramente o que vinha sendo divulgado desde a data do crime até a data da memorável resposta, teremos de convir na justeza daquele acerto. Mas, infelizmente, os autos *não contêm aquele conjunto, nem qualquer coisa compacta, firme, segura, que lembre, de longe, o acervo de monstruosidades até então publicadas.*

O processo – Mendes Tavares – feito em juízo resultou a mais formal contestação do que fora prematuramente feito nas colunas da imprensa jornalística, iludida por falsas informações, induzida em erro por impressões do primeiro momento.

Foi assim que, com documentos irrecusáveis, se chegou à certeza de não ter podido o Dr. Tavares premeditar, nem ajustar o crime, que se lhe imputa; pois sua ida ao Conselho Municipal e consequente passagem pela Avenida Rio Branco foram motivadas por uma situação imprevista, por uma satisfação de dever político, no interesse do povo e da administração municipal.

Foi assim que ficou fora de dúvida que o Dr. Tavares se dirigira para o Conselho no automóvel da Prefeitura, posto à sua disposição, à última hora, pelo general prefeito, e no qual – bem se percebe – não poderia ter sido acompanhado por capangas ou guarda-costas...

Averiguado, também, ficou ter o inditoso comandante Lopes da Cruz, que voltara do Ministério da Viação, permanecido, em frente ao edifício do Conselho Municipal, como à espera de alguém, exatamente naquele fatal dia 14 de outubro, às 2 horas da tarde, pouco mais ou menos.

Outrossim se provou à evidência, que, desde agosto, vinha o mesmo comandante perseguindo o Dr. Tavares, buscando-o por toda a parte, indagando do seu paradeiro, manifestando-se disposto a dar solução violenta à sua crise conjugal, da qual fazia responsável o mesmo médico.

Demonstrou-se, por maneira insofismável, que não fora o Dr. Tavares o instigador dos atos de Madame Lopes da Cruz, com a qual o marido vivera em alternativas de paz e guerra, propenso a perdões e transigências e a violências fartamente anunciadas.

Deixou-se evidenciado, *sempre com a intimação da parte contrária*, que, pelo menos, *quatro* testemunhas de acusação mentiram desfaçadamente, umas inventando circunstâncias anteriores, outras forjando circunstâncias concomitantes ao crime; que a prova apurada na polícia não foi com a devida imparcialidade, visto como se desprezaram depoimentos valiosos, pela simples razão de serem contrários ao sistema de acusação preestabelecido; que outra das mais importantes testemunhas não se encontrava em condições de depor com precisão e segurança.

E, no decorrer do sumário da culpa, ficou patente o *arranjo* da prova, a acomodação jeitosa dos testemunhos, que, mesmo assim, se revelam contraditórios em extremo e imprestáveis para gerar convicção e determinar sentença condenatória.

Hoje, estamos muito longe do ponto em que estávamos quando Ruy Barbosa, em um surto de justificada indignação, escrevia as palavras transcritas.

À luz dos debates, pelos quais ansiamos, diante dos juízes populares, em cuja serena justiça confiamos, será desfeito, destruído, pulverizado o conjunto de supostas provas alardeadas em outubro de 1911 e que tamanha impressão causaram.

Evaristo de Morais

Este livro foi impresso pela Gráfica PlenaPrint
em fonte Minion Pro sobre papel Pólen Bold 90 g/m²
para a Edipro.